NE MOUREZ PAS DANS VOS PÉCHÉS

NE MOUREZ PAS DANS VOS PÉCHÉS

Une explication simple
de la meilleure nouvelle que
l'humanité ait jamais connue

GREG HERSHBERG

ANEKO
PRESS

www.getzel.org

Ne mourez pas dans vos péchés

© 2025 par Greg Hershberg

Tous droits réservés. Publié en 2025.

Les citations bibliques sont extraites de la Bible Segond 21.

Conception de la couverture : J. Martin

Traducteur : J. Cassard

Aneko Press

www.anekopress.com

Aneko Press, Life Sentence Publishing et nos logos sont des marques déposées de

Life Sentence Publishing, Inc.

203 E. Birch Street

P.O. Box 652

Abbotsford, WI 54405

RELIGION / Théologie chrétienne / Sotériologie

ISBN du livre broché :

ISBN du livre électronique :

10 9 8 7 6 5 4 3 2 1

Disponible dans les points de vente de livres

Voici des questions auxquelles certains ne réfléchissent jamais : non seulement chaque être humain est destiné à mourir, mais nous aurons à nous présenter devant le Dieu de l'univers pour rendre des comptes. Le livre du rabbin Greg Hershberg, *Ne mourez pas dans vos péchés*, aborde la mort et l'au-delà. Nous avons besoin d'un Sauveur qui nous attendra de l'autre côté de la tombe, un Sauveur qui pourra nous accompagner sains et saufs à la maison. Ce Sauveur s'appelle Jésus (Yeshua en hébreu). Il incarne la réponse à la vie d'aujourd'hui et à la vie éternelle. Mais comment pouvons-nous connaître ce Sauveur et être certains que cette expérience sera positive ? La réponse se trouve dans ces pages.

Dr H. Dean Haun
Pasteur principal, Première Église Baptiste, Morristown, Tennessee.
Président et fondateur de Harvest of Israel
Ancien président de la Convention baptiste du Tennessee

Le rabbin Greg Hershberg a écrit un livre pratique et facile à lire qui vous aidera à mieux comprendre l'Évangile et à renforcer votre foi.

Rabbin Jonathan Bernis
Président-directeur général, Jewish Voice Ministries

TABLE DES MATIÈRES

MA PREMIÈRE RENCONTRE
AVEC LA MORT

Je m'en souviens comme si c'était hier. J'avais huit ans, j'étais assis dans ma baignoire, et j'ai entendu ma mère pleurer en annonçant à mon père le décès de ma grand-mère. J'ai été très triste, non seulement d'entendre ma mère pleurer, mais aussi de savoir que je ne reverrais plus jamais ma grand-mère. Même si je ne connaissais pas grand-chose à la mort et à ce que signifiait mourir, j'en savais assez pour comprendre qu'elle était partie pour toujours. C'était ma dernière aïeule vivante, et sa disparition m'a causé une grande souffrance. Non seulement c'était ma dernière aïeule vivante, mais c'était aussi une personne merveilleuse, d'une grande douceur, auprès de laquelle je me suis toujours senti aimé.

Personne ne m'avait jamais parlé de la mort, et je n'avais jamais perdu de proche, alors je ne savais vraiment pas grand-chose sur ce qui arrive à une personne après sa mort. La mort est un sujet que la plupart d'entre nous n'aiment pas aborder, mais malheureusement, nous y sommes tous confrontés. En effet, la plupart d'entre nous perdons des amis, des membres de notre famille et d'autres êtres chers au cours de notre vie. C'est une triste réalité que nous n'aimons pas affronter. Même lorsqu'une personne décède, nous avons tendance à utiliser des expressions qui atténuent le choc. Nous disons : « Elle s'en est allée », « Elle repose en paix », « Elle a rejoint ceux qu'elle aimait ». La vérité, c'est que cette personne est morte.

Il existe de nombreuses raisons pour lesquelles tant de gens ont peur de mourir. L'une d'elles est la peur de l'inconnu. La mort demeure l'inconnu ultime car personne, dans l'histoire de l'humanité, n'y a survécu pour nous révéler ce qui se passe réellement après notre dernier souffle. Il y a des gens qui prétendent être morts puis être allés au paradis ou en enfer, mais comme il n'existe pas de preuves scientifiques pour appuyer leurs récits, on ne leur accorde pas beaucoup de crédit. C'est dans la nature humaine de vouloir comprendre et donner un sens au monde qui nous entoure.

Une autre raison pour laquelle les gens craignent la mort est la peur du néant. Beaucoup de gens ont peur à l'idée de cesser définitivement d'exister. On associe généralement cette peur aux athées ou aux personnes qui n'ont pas de convictions spirituelles ou religieuses personnelles. Cependant, beaucoup de croyants redoutent également que leur croyance en une vie après la mort ne soit finalement pas fondée ou craignent de ne pas avoir mérité la vie éternelle pendant qu'ils étaient vivants. Oui, même les croyants sont confrontés à la question de la mort et de l'au-delà.

Il y a ensuite la peur du châtiment éternel. Semblable à la peur du néant, cette croyance ne concerne pas seulement les personnes très religieuses ou les croyants sincères. Beaucoup de personnes, quelles que soient leurs convictions religieuses ou leur absence de croyances spirituelles, craignent d'être punies pour ce qu'elles ont fait ou n'ont pas fait pendant leur passage sur cette terre. Elles ont le sentiment intime qu'elles devront payer pour leurs mauvaises actions.

Il y a aussi la peur de perdre le contrôle. C'est dans notre nature humaine de chercher à contrôler les situations auxquelles nous sommes confrontés, mais la mort reste une réalité sur laquelle nous n'avons fonda-mentalement aucun contrôle. Cela effraie beaucoup de gens. Certaines personnes tentent d'exercer une forme de contrôle sur la mort en adoptant un comportement extrêmement prudent pour éviter les risques ou en se soumettant à des examens médicaux rigoureux et fréquents, mais le fait est que chaque être humain finit par mourir.

Enfin, il y a la peur de ce que deviendront ceux que nous aimons. Nous nous préoccupons de ce qui pourra arriver à ceux qui nous sont confiés si nous mourons. Les parents, par exemple, peuvent s'inquiéter pour un nouveau-né ou un autre enfant. Les membres de la famille qui prodiguent des soins à domicile à un être cher peuvent craindre que personne d'autre ne puisse répondre à tous ses besoins. Alors qu'elle est dans la fleur de l'âge, une personne peut être effrayée à l'idée de laisser son conjoint seul après son décès.

Une saine crainte de la mort peut nous rappeler de profiter pleinement de notre passage sur terre et de ne pas tenir nos relations pour acquises. La peur de cette réalité qu'est la mort peut aussi nous pousser à redoubler d'efforts pour laisser un héritage durable. George Bernard Shaw l'a bien exprimé en disant : « Je veux être complètement épuisé quand je mourrai, car plus je travaille, plus je vis. »[1] Cela dit, la mort est une sorte d'énigme à laquelle il faut à tout prix réfléchir, étant donné que nous allons tous mourir.

---

1   George Bernard Shaw, *L'Homme et le Surhomme*, Acte IV (Londres : Royal Court Theatre, 1905)

LA MORT EST INÉVITABLE

Il est important de parler de la mort à ses enfants. Quand ils sont assez grands pour que vous leur parliez de sexualité, ils sont assez grands pour que vous leur parliez de la mort – et il est très important que vous le fassiez.

J'ai toujours été sportif et passionné par l'exercice physique. Je pratiquais presque tous les sports. J'adorais la compétition, ainsi que la sensation que me procurait l'effort physique en lui-même. Ce que je ne savais pas, c'est que, lors d'un exercice physique, le cerveau libère des endorphines. Les endorphines sont des substances chimiques (des hormones) que le corps libère en cas de douleur ou de stress. Elles sont libérées au cours d'activités agréables comme le sport, les repas et les relations sexuelles. Les endorphines contribuent à soulager la douleur, à réduire le stress et à améliorer le bien-être. Les endorphines sont en fait des analgésiques naturels.

Ce sont des substances chimiques du bien-être, parce qu'elles peuvent vous permettre de vous sentir mieux et vous mettre dans un état d'esprit positif. Aujourd'hui encore, j'ai besoin de faire du sport – pas tellement pour ses bienfaits physiques, mais surtout pour cette sensation de bien-être qu'il m'apporte.

Ma femme était également sportive à l'école, et plus tard, elle est devenue monitrice d'aérobic et coach personnel. En fait, nous nous sommes rencontrés dans une salle de sport à New York. J'étais à une étape de ma vie où je souhaitais rester célibataire. Je venais de sortir d'une relation sérieuse qui n'avait pas fonctionné pour de multiples raisons, et j'avais besoin de faire une pause. Mais en un seul regard sur cette beauté ravissante qui se tenait derrière le bureau d'accueil du Jack LaLanne Fitness Center, je me suis retrouvé au pays des rêves.

Une fois mariés et devenus parents, c'est tout naturellement que nous avons initié nos enfants au sport en l'intégrant à leur mode de vie. J'ai incité mes fils à pratiquer différents sports et à soulever de la fonte. Ils ont vraiment accroché et sont devenus des habitués de la salle de sport. Ils ont rapidement pris conscience de leur force, se sont mis à soulever des poids terriblement lourds et à se muscler à tel point que la dernière fois que nous avons pratiqué la lutte ensemble, je me suis déchiré la coiffe des rotateurs – et pourtant, je ne suis pas un poids plume ! Malgré le fait que mon épaule ne serait plus jamais comme avant, j'étais très fier de leurs efforts. En même temps, je me suis dit qu'ils devaient savoir qu'un jour, leur force disparaîtrait et que leur corps reposerait dans une tombe. Aussi triste et déprimant que cela puisse paraître, c'est une discussion qui doit avoir lieu.

Mes filles étaient elles aussi très sportives. Elles aussi pratiquaient différents sports et sont devenues des athlètes de compétition. Je ne veux pas paraître sexiste, mais elles se souciaient aussi de leur apparence et ont commencé à se maquiller. Elles avaient besoin de comprendre qu'un jour, cette apparence disparaîtrait et que leur corps reposerait dans une tombe. Aidez vos enfants à comprendre que prendre soin de leur corps est important, mais que prendre soin de leur âme l'est encore plus. J'entends souvent des parents parler de l'intelligence et des performances sportives de leurs enfants, mais j'entends trop peu de parents dire à quel point leurs enfants ont un caractère merveilleux, sont compatissants ou ressemblent au Christ. Comme le dit la Bible : « … l'exercice physique est utile à peu de chose, tandis que la piété est utile à tout, car elle a la promesse de la vie présente et de la vie à venir. » (1 Timothée 4:8)

À mon avis, chacun devrait assister à un enterrement au moins par an. Nous aimons tous aller aux mariages : la joie, l'allégresse, la fête, c'est tellement agréable ! Les mariages représentent fondamentalement la vie – tandis que la mort et le trépas en sont totalement absents. En revanche, aller à un enterrement nous rappelle que la vie est « une vapeur » (Jacques 4:14) et qu'un jour, notre propre vie s'en ira aussi. Lors d'un enterrement, la mort vous donne une claque en plein visage ; vous ne pouvez tout simplement pas y échapper. Quand j'entends annoncer la mort de quelqu'un, j'essaie de me souvenir qu'un jour, ce quelqu'un, ce sera moi.

J'ai eu très tôt un avant-goût de la brièveté de la vie. Mes deux grands-pères étaient morts avant ma naissance, je ne les ai donc jamais connus. Mes deux grands-mères sont mortes avant mes dix ans.

La mort m'a profondément marqué à l'âge de quinze ans, lors du décès de mon père. Il avait eu une vie très difficile. Il avait perdu son père quand il était très jeune. Quelques années plus tard seulement, lorsqu'il avait dix ans, la Grande Dépression de 1929 a frappé. Il n'a jamais profité de ce que j'appellerais une enfance normale. À vingt et un ans, il s'est engagé dans les Rangers pour combattre pendant la Seconde Guerre mondiale. Il a été décoré de la Bronze Star pour sa bravoure, ainsi que du Purple Heart. Il a également été porté disparu au combat, alors vous pouvez imaginer le syndrome de stress post-traumatique dont il souffrait à son retour. À l'époque, il n'y avait pas de séances de thérapie. Les soldats rentraient simplement chez eux et trouvaient du travail pour joindre les deux bouts.

Mon père travaillait comme docker et n'a jamais quitté les quartiers défavorisés. Son travail était pénible et abrutissant. Pour lui, l'essentiel était de subvenir aux besoins de sa famille. C'était un homme fort, et j'ai toujours eu l'impression que rien de mal ne pouvait m'arriver aussi longtemps qu'il était là. Autrement dit, je me sentais en parfaite sécurité avec lui. Il a eu la possibilité de prendre une retraite anticipée, alors il a sauté sur l'occasion. Tout ce qu'il voulait, c'était aller voir quelques matchs de base-ball, écouter du jazz et lire le journal de la première à la dernière page. Après sa retraite, je me souviens qu'il a dit : « Greg, je suis passé entre les mailles du filet. » Il était loin de se douter qu'il allait mourir quelques semaines plus tard. Je n'oublierai jamais l'image de ces deux inconnus entrant dans notre petit appartement, puis emportant mon père dans un long sac noir.

Encore une fois, je ne savais pas grand-chose de la mort – à part que mon père était parti et que je ne le reverrais plus jamais. Le message qu'on m'a enfoncé dans la tête ce jour-là, c'est que la vie est courte, et que je devais la vivre à fond ; et c'est ce que j'ai fait. J'ai vécu ma vie à cent à l'heure. Je ne pensais jamais au lendemain, je vivais vraiment au jour le jour. Je ne me souciais pas du lendemain. Mon père avait un dicton : « Vis chaque jour comme si c'était le dernier, parce qu'un jour, ce sera le cas. » Cependant, la peur de la mort planait constamment au-dessus de moi. Tout ce que je savais, c'est qu'on n'a qu'une seule vie, alors autant la vivre à fond !

Il y a beaucoup de façons de mourir. Certains meurent à la guerre ou victimes de violence. D'autres meurent de maladie, d'une crise cardiaque ou du cancer.

D'autres encore meurent de vieillesse. Le moment de la mort est différent pour chacun. Certains meurent jeunes, tandis que d'autres vivent longtemps. Tout cela est important, mais ce n'est pas l'essentiel. Je me suis rendu compte que le plus important sujet de réflexion concerne ce qui nous arrive après la mort.

Pour la plupart des gens, la mort est soit le grand mystère, soit le grand tabou. Soit les gens évitent complètement le sujet, soit ils se limitent à dire : « Personne n'en sait rien, alors contentez-vous de profiter de la vie. » Ceux qui ne croient pas en Dieu peuvent considérer que cette vie est la seule que nous ayons et la seule qui compte et donc estimer qu'il faut simplement la vivre à fond. La plupart d'entre nous passons un tiers de notre vie à dormir et un autre tiers à travailler. Cela signifie que les deux tiers de notre vie sont consacrés au sommeil et au travail, de sorte que nous n'avons réellement pour nous-mêmes qu'un tiers de notre vie. Si nous décomposons ce tiers, nous avons des responsabilités, des maladies et des tâches ménagères qui grignotent notre temps. Selon le World Population Review[2], en 2023, on comptait 332 648 décès par jour dans le monde. C'est-à-dire 13 860 décès par heure, ou 231 décès par minute.

Et si tout ne se limitait pas à cela ? Et s'il y avait un Dieu, et si la Bible disait vrai ? Cela signifierait qu'il y a bel et bien une vie après la mort.

2   World Population Review 2023, https://worldpopulationreview.com.

Y A-T-IL UNE VIE APRÈS LA MORT ?

Aujourd'hui, les gens planifient plus leur avenir que jamais auparavant. Ils le font à l'aide de plans d'épargne retraite (401k, IRA, etc.), la sécurité sociale, des assurances-vie, et la liste s'allonge. Mais où s'arrête notre avenir ? 52 % des Américains croient au paradis et à l'enfer, tandis que seulement 37 % croient à la résurrection physique des morts. Le livre de Job pose une question simple sur l'au-delà : « Mais si l'homme meurt, revivra-t-il ? » (Job 14:14). Poser la question est facile, mais il n'est pas si facile de trouver quelqu'un qui fasse autorité et qui ait l'expérience nécessaire pour y répondre.

Jésus est la seule personne qui puisse parler de l'au-delà avec une autorité et une expérience réelles. Ce qui lui donne l'autorité exclusive de parler du ciel, c'est qu'il en est venu. Jésus n'était pas simplement un enseignant humain envoyé par Dieu. Jésus était celui qui vivait avec Dieu depuis toute éternité et qui est descendu dans notre monde. Aucun être humain n'a eu comme lui un accès constant à la présence de Dieu. Il a pu remonter à la demeure de Dieu d'une manière tout à fait unique, parce qu'il était tout d'abord descendu du ciel sur la terre.

Jésus, grâce à son expérience personnelle du ciel, nous présente trois vérités fondamentales sur le sujet de la vie après la mort :

1. Il y a une vie après la mort.

2. Il y a deux destinations entre lesquelles chacun doit choisir.

3. Il y a un moyen de vous assurer de faire le bon choix.

Au chapitre douze de Marc, lorsque Jésus a rencontré les Sadducéens, il a affirmé qu'il y avait une vie après la mort. Les Sadducéens étaient les libres penseurs de leur époque, comme les chrétiens libéraux d'aujourd'hui. Ils étaient riches et occupaient des postes de pouvoir, notamment celui de grand prêtre. Ils avaient bâti un système de doute et de refus fondé sur la tolérance (où tout est permis) et le relativisme (où la vérité est subjective). Ils sont venus voir Jésus avec une histoire absurde pour tenter de ridiculiser l'idée même de la résurrection physique. Ils ont rappelé à Jésus que la loi de Dieu prévoyait une disposition spéciale pour les veuves en Israël. Afin de préserver la lignée familiale, la loi stipulait que si un homme mourait sans enfant, son frère devait épouser la veuve. Si des frères vivaient ensemble et que l'un d'eux mourait sans enfant, sa veuve ne devait pas épouser un homme qui ne lui était pas apparenté ; le frère de son mari devait aller vers elle et accomplir son devoir de beau-frère en l'épousant (Deutéronome 25,5).

Ils ont dit à Jésus : « Imagine qu'une femme ait épousé un homme, et qu'il soit mort. Cet homme avait six frères, et la femme a épousé le frère suivant, qui lui aussi est mort. Les frères de son premier mari sont morts tous les six après qu'elle les a épousés. Finalement, elle est morte. » Et voici la question rusée qu'ils ont posée : « À la résurrection, duquel d'entre eux sera-t-elle la femme ? » Ils se croyaient malins, mais le Sauveur leur a fait comprendre qu'ils étaient profondément ignorants, à la fois des Écritures, qui enseignent la résurrection, et du pouvoir de Dieu, qui ressuscite les morts.

Représentez-vous la scène. Il y avait là l'élite sociale, les intellectuels, les hommes de pouvoir. C'étaient les aristocrates, qui avaient des relations politiques avec Rome ainsi qu'avec le Temple de Jérusalem. Ils n'entretenaient pas de bonnes relations avec les gens du peuple, ni les gens du peuple avec eux. Jésus, un homme du peuple originaire de la modeste ville de Nazareth, est arrivé et a eu l'audace de leur dire qu'ils étaient perdus.

Tout d'abord, ils auraient dû savoir que l'union conjugale ne continue pas au ciel (Matthieu 22:30).

Ensuite, Jésus a ramené les Sadducéens, qui accordaient plus de valeur à la loi de Moïse qu'au reste de l'Ancien Testament, au récit de Moïse devant le buisson ardent (Exode 3:6), où Dieu s'est présenté comme le Dieu d'Abraham, d'Isaac et de Jacob. Jésus s'en est servi pour montrer que Dieu était le Dieu des vivants, et non le Dieu des morts. Mais comment ça ? Est-ce qu'Abraham, Isaac et Jacob n'étaient pas morts depuis longtemps lorsque Dieu est apparu à Moïse ?

Oui, leurs corps ont été ensevelis dans la grotte de Macpéla, à Hébron. Alors comment Dieu peut-il être le Dieu des vivants ? L'argumentation de Jésus semble reposer sur le fait que Dieu avait fait des promesses aux patriarches (Abraham, Isaac et Jacob) à propos du Messie. Ces promesses ne se sont pas réalisées de leur vivant. Lorsque Dieu a parlé à Moïse au buisson ardent, les corps des patriarches étaient dans le tombeau, et pourtant Dieu s'est présenté comme le Dieu des vivants. Puisque Dieu ne peut mentir, il doit accomplir les promesses qu'il a faites à Abraham, Isaac et Jacob. Par conséquent, la résurrection est une nécessité absolue, compte tenu de ce que nous savons du caractère de Dieu.

Au chapitre quatorze de l'Évangile selon Jean, Jésus a réconforté ses disciples en leur parlant, ainsi qu'à nous, de l'au-delà : « Que votre cœur ne se trouble pas ! Croyez en Dieu, croyez aussi en moi. Il y a beaucoup de demeures dans la maison de mon Père. Si ce n'était pas le cas, je vous l'aurais dit. Je vais vous préparer une place. Et puisque je vais vous préparer une place, je reviendrai et je vous prendrai avec moi afin que, là où je suis, vous y soyez aussi. » (Jean 14, 1-3). Jésus leur a dit qu'il allait partir et qu'ils ne pourraient plus le revoir. Il leur a dit : « Vous croyez en Dieu, et pourtant, vous ne le voyez pas ; croyez donc en moi de la même manière. » La maison de son Père désigne le ciel, où il y a de nombreuses demeures. Il y a de la place pour tous les rachetés. Si ce n'était pas le cas, le Seigneur le leur aurait dit. Il ne voulait pas qu'ils bâtissent sur de faux espoirs.

Jésus a dit : « Je vais vous préparer une place. » Le Seigneur est retourné au ciel pour préparer une place. Nous ne savons pas grand-chose de cette place, mais nous savons que des dispositions sont prises pour chaque enfant de Dieu. Il est décrit brièvement comme un lieu merveilleux où il n'y a ni pleur, ni deuil, ni cri, ni douleur (Apocalypse 21:4). À propos de ce lieu, nous pouvons enfin dire « Tout est parfait » et le penser vraiment. « Puisque je vais vous préparer une place, je reviendrai et je vous prendrai avec moi afin que, là où je suis, vous y soyez aussi. » Cela fait référence au temps où le Seigneur reviendra. Ceux qui sont morts dans la foi ressusciteront lorsque les vivants seront transformés et lorsque tous ceux qui ont cru en Jésus seront emmenés au ciel. Il s'agit d'une venue personnelle et littérale du Messie. Aussi sûrement qu'il est parti, il reviendra.

On ne peut évoquer la vie, la mort et l'au-delà sans mentionner la parabole du riche et de Lazare (Luc 16:19-31). C'est l'histoire par excellence lorsqu'on parle de l'au-delà. On y trouve l'un des plus grands contrastes, sinon le plus grand contraste de toute la Bible : deux vies, deux morts et deux au-delà. Jetons-y un coup d'œil.

Jésus a dit : « Il y avait un homme riche, qui s'habillait de pourpre et de fin lin et qui chaque jour menait joyeuse et brillante vie. Un pauvre du nom de Lazare était couché devant son portail, couvert d'ulcères. Il aurait bien voulu se rassasier des miettes qui tombaient de la table du riche, cependant même les chiens venaient lécher ses ulcères.

« Le pauvre mourut et fut porté par les anges auprès d'Abraham. Le riche mourut aussi et fut enterré. Dans le séjour des morts, en proie à une grande souffrance, il leva les yeux et vit de loin Abraham, avec Lazare à ses côtés.

« Il s'écria : "Père Abraham, aie pitié de moi et envoie Lazare pour qu'il trempe le bout de son doigt dans l'eau afin de me rafraîchir la langue, car je souffre cruellement dans cette flamme."

« Abraham répondit : "Mon enfant, souviens-toi que tu as reçu tes biens pendant ta vie et que Lazare a connu les maux pendant la sienne ; maintenant, il est consolé ici et toi, tu souffres. De plus, il y a un grand abîme entre nous et vous, afin que ceux qui voudraient passer d'ici vers vous, ou de chez vous vers nous, ne puissent pas le faire."

« Le riche dit : "Je te prie alors, père, d'envoyer Lazare chez mon père, car j'ai cinq frères. C'est pour qu'il les avertisse, afin qu'ils n'aboutissent pas, eux aussi, dans ce lieu de souffrances."

« Abraham [lui] répondit : "Ils ont Moïse et les prophètes, qu'ils les écoutent."

Le riche dit : "Non, père Abraham, mais si quelqu'un vient de chez les morts vers eux, ils changeront d'attitude."

Abraham lui dit alors : "S'ils n'écoutent pas Moïse et les prophètes, ils ne se laisseront pas persuader, même si quelqu'un ressuscite." » (Luc 16:19-31).

Tout d'abord, il y a un homme riche. Il porte les plus beaux vêtements : des robes teintes à la pourpre de Tyr et des chemises précieuses en lin égyptien. Sa maison est un domaine aux jardins luxuriants et soigneusement entretenus. À l'intérieur de cette demeure somptueuse se trouvent les plus beaux meubles, ainsi que des œuvres d'art inestimables. Les sols en marbre italien sont magnifiques et reflètent avec un éclat remarquable l'image de chacun, ce qui ravit certainement ses invités. Sa table est un étalage de mets raffinés : les viandes, volailles et fruits de mer les plus exquis que l'on puisse acheter, les fruits et légumes les plus recherchés, et les meilleurs vins des vignobles les plus prestigieux du monde. Voilà comment vit cet homme riche, jour après jour.

Il y a ensuite Lazare, le mendiant. Abandonné à la porte du riche comme un sac d'ordures, il a sans doute été amené là par ceux qui voulaient le chasser de leur quartier. Il est pitoyable et ressemble à un sac d'os, amaigri par la faim. Son corps est couvert de plaies suintantes, et il est tourmenté par les chiens malpropres qui viennent lécher ses blessures.

Qui s'arrêtera pour soulager une telle misère ? Qui le nourrira, le lavera et l'habillera ? Qui l'accueillera et lui offrira un abri pour la nuit ? Qui nettoiera ses plaies ? Qui lui tiendra la main et écoutera l'histoire de sa vie ? Qui ?

L'homme riche ne vit que pour lui-même, pour satis-faire ses plaisirs et ses appétits charnels. Il n'éprouve aucun amour véritable pour Dieu et ne se soucie pas de son prochain. Lazare espère que peut-être, seulement peut-être, l'un des invités des nombreuses fêtes que donne cet homme riche lui apportera quelques miettes en par-tant. Mais bien malheureusement, dans la demeure du riche, la compassion est rare. Aucun des invités ne veut le regarder, et encore moins l'approcher ou le toucher. Lazare les regarde aller et venir, et ils l'ignorent.

Soudain, ce qu'il prenait pour des langues de chiens léchant ses plaies se transforme en mains d'anges. Le mendiant est mort et a été emporté par des anges auprès d'Abraham. Beaucoup de gens se demandent si les anges participent vraiment à l'accompagnement des âmes des croyants au ciel, mais il n'y a aucune raison de douter de la validité de ces paroles dépourvues d'ambiguïté. Les anges assistent les croyants dans cette vie, et il n'y a aucune raison qu'ils ne le fassent pas au moment de leur mort. « auprès d'Abraham » est une expression symbolique désignant le lieu de la félicité. Pour tout Juif, l'idée de bénéficier de la compagnie d'Abraham évoque une joie inexprimable. « le sein d'Abraham » est tout simplement une autre façon d'appeler le ciel.

Ainsi, non seulement le corps de l'homme riche a été enseveli dans la mort, mais son âme, ou son moi conscient, est allée au séjour des morts, qui est la demeure des personnes non sauvées. Puisque l'homme riche était en proie à une grande souffrance, nous devons souligner deux points :

1. Il convient de préciser que le riche anonyme n'a pas nécessairement été condamné à aller au séjour des morts à cause de sa richesse. Par son indifférence et son mépris du mendiant couché à sa porte, cet homme riche a montré qu'il n'avait pas une véritable foi salvatrice. S'il avait eu en lui l'amour de Dieu, il n'aurait pu vivre dans le luxe, le confort et l'aisance pendant qu'un de ses semblables mendiait à sa porte quelques miettes de pain. Ça a dû être un choc pour les disciples que l'homme riche aille au séjour des morts, du fait qu'on leur avait enseigné que la richesse était un signe de la bénédiction et de la faveur divines.

2. Il est tout aussi vrai que la pauvreté n'est pas la raison pour laquelle le pauvre a été sauvé. Lazare a été sauvé parce qu'il avait fait confiance au Seigneur pour le salut de son âme. La pauvreté n'est pas nécessairement une vertu. Ce récit prouve qu'il y a une existence consciente après la mort. En effet, nous sommes frappés par l'étendue de ce dont l'homme riche avait connaissance. Il voyait Abraham au loin et Lazare à ses côtés. Il pouvait même communiquer avec Abraham. Il l'a appelé « Père Abraham », il a imploré sa pitié et l'a supplié pour que Lazare puisse lui apporter une goutte d'eau et rafraîchir sa langue.

Le patriarche a rappelé au riche sa vie de luxe, d'aisance et de plaisirs. Il lui a aussi exposé la pauvreté et les souffrances de Lazare. Désormais, au-delà de la tombe, les rôles étaient échangés. Les inégalités terrestres étaient inversées. Lazare, jadis rejeté dans la souffrance à l'extérieur des portes du domaine du riche, voyait maintenant le riche rejeté à l'extérieur des portes du paradis, en proie à ses propres tourments. Nous apprenons ici que les choix de cette vie déterminent notre destin éternel. Une fois que la mort est survenue, ce destin est fixé. Il n'y a pas de passage ni de la demeure des élus vers celle des damnés, ni dans l'autre sens. Parmi tous ces détails, ne manquons pas le message de cette histoire : il vaut mieux mendier du pain sur terre que mendier de l'eau dans le séjour des morts.

LA MORT

La mort est la partie la plus mal comprise de la vie. Ce n'est pas un grand sommeil, mais un grand réveil. C'est le moment où nous nous réveillons, où nous nous frottons les yeux et voyons les choses comme Dieu les a toujours vues.

On peut envisager la mort comme une séparation. La mort physique est la séparation du corps et de l'âme, tandis que la mort spirituelle est la séparation de l'âme et de Dieu. Jésus a enseigné que nous ne devons pas avoir peur de la mort physique, mais que nous devons surtout nous préoccuper de la mort spirituelle (Matthieu 10:28). Pour les non-croyants qui sont morts, le séjour des morts est un état désincarné de punition consciente, un état de souffrance. C'est une sorte d'enclos de rétention, une condition intermédiaire où ils attendent le jugement final de Dieu. L'enfer est la prison finale des méchants. Le facteur décisif lors de ce jugement est de savoir si l'on est mort dans ses péchés ou si l'on est mort dans le Seigneur.

G.B. Hardy, mathématicien de renommée mondiale et brillant scientifique spécialiste en génétique des populations, a dit un jour : « Je n'ai que deux questions à poser. Premièrement, est-ce que quelqu'un a déjà vaincu la mort ? Deuxièmement, est-ce qu'il m'a fourni un moyen de le faire, moi aussi ? »[3] La réponse aux deux questions de Hardy est un oui catégorique. Il y a une personne qui a vaincu la mort et a offert à tous ceux qui placent leur confiance en lui le moyen de vaincre eux aussi la mort. Aucun de ceux qui font confiance à Jésus-Christ ne doit avoir peur de la mort. La Parole de Dieu nous enseigne que par la foi en Jésus, nous avons la victoire sur la mort et le tombeau. Autrement dit, le croyant en Jésus-Christ peut dire avec une humble confiance : « Eh bien, Mort, qui a peur de toi maintenant ? » Mais est-ce que nous pouvons vraiment faire confiance à la Parole de Dieu ?

---

3   GB Hardy, *Countdown: A Time to Choose* (Chicago: Moody Press, 1972).

PUIS-JE FAIRE CONFIANCE
À LA BIBLE ?

Norman Leo Geisler, spécialiste en théologie systématique et apologiste chrétien, a déclaré : « Beaucoup de gens refusent de croire sans preuves, et c'est bien naturel. Puisque Dieu nous a créés comme des êtres doués de raison, il ne s'attend pas à ce que nous vivions de manière irrationnelle. Il veut que nous réfléchissions avant d'agir. Cela ne signifie pas qu'il n'y a pas de place pour la foi. Mais Dieu veut que nous avancions d'un pas avec foi à la lumière de preuves, plutôt que de nous lancer à l'aveuglette. »[4]

Qu'il s'agisse d'un livre, d'un article de magazine ou d'un travail de recherche, comment savoir si ce que nous lisons est fiable et véridique ? Chauncey Sanders, expert militaire et historien, a écrit dans son ouvrage

---

4   *Norman Geisler, Christian Apologetics* (Ada, Michigan : Baker Academic Publishing, 2013).

Introduction to Research in English Literary History qu'il existe trois critères pour évaluer la fiabilité d'un document littéraire : (1) les preuves internes – ce que le document affirme à son propre sujet ; (2) les preuves externes – la cohérence du document avec les faits, les dates et les personnes ; et (3) les preuves bibliographiques – la tradition textuelle observée depuis le document original jusqu'aux copies et manuscrits que nous possédons aujourd'hui.[5]

Sur le plan interne, La Bible a été écrite sur une période de mille six cents ans, soit quarante générations. Elle a été rédigée par plus de quarante hommes d'horizons différents. Par exemple, Moïse a été instruit en Égypte et est devenu prophète parmi les Israélites, Josué était général, Daniel était premier ministre, Pierre était un simple pêcheur, Salomon était roi, Luc était médecin, Amos était berger, Matthieu était collecteur d'impôts et Paul était rabbin et fabricant de tentes. Tous ces auteurs avaient des professions et des parcours très différents.

La Bible a été écrite en beaucoup de lieux différents ; en fait, elle a été écrite sur trois continents : l'Asie, l'Afrique et l'Europe. Moïse a écrit dans le désert du Sinaï, Paul, dans une prison à Rome, Daniel, en exil à Babylone et Esdras, dans les ruines de Jérusalem. Elle a été écrite dans des circonstances très diverses. David

---

5   Chauncey Sanders, *Introduction to Research in English Literary History* (New York : The Macmillan Company, 1952).

a écrit en temps de guerre, Jérémie, au moment dou-
loureux de la chute d'Israël, Pierre, alors qu'Israël était
sous domination romaine et Josué, pendant l'invasion
du pays de Canaan.

Les auteurs avaient des objectifs différents. Ésaïe a
écrit pour avertir Israël du jugement imminent De Dieu
sur ses péchés, Matthieu, pour prouver au peuple juif
que Jésus était le Messie, Zacharie, pour encourager
un peuple d'Israël démoralisé après être revenu de son
exil babylonien, et Paul, pour répondre aux problèmes
survenus dans différentes communautés asiatiques et
européennes. De plus, la Bible a été écrite en trois langues : l'hébreu, l'araméen et le grec.

En rassemblant tous ces éléments, on constate que
la Bible a été écrite sur une période de seize siècles par
quarante auteurs différents, en différents lieux et dans
différentes langues, dans des circonstances variées, et
pour traiter une multitude de sujets. Il est extraordinaire qu'avec une telle diversité, il y ait une telle unité
dans la Bible. Cette unité s'organise autour d'un seul
thème : la réhabilitation par Dieu de l'homme et de
toute la création. Des centaines de sujets controversés
y sont abordés, et pourtant les auteurs ne se contre-
disent pas le moins du monde. La Bible est un document exceptionnel. Je peux tout juste imaginer ce que
vous obtiendriez si vous preniez seulement dix auteurs
issus d'un même milieu social, d'une même génération,
vivant dans le même lieu, à la même époque, avec le

même état d'esprit, sur un même continent et parlant la même langue – et si tous écrivaient sur le même sujet controversé. On obtiendrait certainement un mélange hétéroclite d'idées – ressemblant à tout sauf à quelque chose d'harmonieux. Sur le plan interne, la Bible ne se contredit pas et est totalement cohérente.

Passons maintenant aux preuves externes de la Bible, c'est-à-dire à sa cohérence avec les faits, les dates et les personnes. En 1964, la Mission archéologique italienne, dirigée par Paolo Mathiae, a entrepris des fouilles à Tell Mardikh, dans le nord de la Syrie. En 1968, on a découvert une statue d'Ibbit-Lim, roi d'Ebla. Entre 1974 et 1976, deux mille tablettes entières, dont la taille variait de 2,5 cm à plus de 30 cm, ainsi que quatre mille tablettes incomplètes et plus de dix mille fragments, datés d'environ 2300 avant J.-C., ont été découverts. À Ebla, le nom « Canaan » était utilisé, un nom dont certains critiques disaient qu'il n'était pas en usage à cette époque et qui, selon eux, était employé à tort dans les premiers chapitres de la Bible. Ce n'est pas seulement ce nom, mais aussi d'autres comme Adam, Eber et Yithro qui ont été trouvés, ainsi que les noms des dieux d'Ebla, notamment Dagon, Baal et Ashtar.

L'archéologue britannique Flinders Petrie a fait en 1896 sur le site égyptien de Thèbes une découverte importante qui a réfuté les anciens sceptiques. Une stèle, connue sous le nom de stèle de Mérenptah, une dalle verticale de pierre portant une inscription et servant de monument, a été découverte, et elle mentionne Israël. Par ailleurs, Mérenptah était un pharaon qui a régné sur l'Égypte de 1212 à 1202 avant J.-C. Le contexte historique dans lequel la stèle a été gravée indique qu'Israël était une entité importante à la fin du XIIIe siècle avant J.-C. Cette découverte est tout à fait importante puisqu'il s'agit de la plus ancienne référence extrabiblique à la nation d'Israël jamais découverte.

On croyait autrefois que les Hittites étaient une légende biblique, bien que l'Ancien Testament les mentionne plus de cinquante fois. On a considéré cela comme vrai jusqu'à la découverte de leur capitale et de leurs archives dans le nord de la Turquie. La première découverte de ruines hittites a été faite par l'érudit français Charles Texier en 1834. Ensuite, des archéologues comme Hugo Winckler ont poursuivi les recherches, découverte après découverte. En 1906, Winckler a trouvé des archives royales contenant dix mille tablettes écrites en akkadien cunéiforme.

Les murailles de Jéricho ont été découvertes dans les années 1930 par l'archéologue britannique John Garstang. Le récit de l'effondrement des murailles de Jéricho est conservé dans le livre de Josué (6, 1-27). Le peuple d'Israël venait de traverser le Jourdain pour entrer en Canaan (Josué 3, 14-17). C'était le pays du lait et du miel, que Dieu avait promis à Abraham plus de cinq cents ans auparavant (Deutéronome 6:3 ; 32:49). Après avoir passé quarante années à errer dans le désert du Sinaï, les

Israélites se trouvaient désormais sur la rive orientale du Jourdain. Leur objectif était de conquérir Canaan, la Terre promise. Cependant, leur premier obstacle était la ville de Jéricho (Josué 6:1), une cité fortifiée imprenable. Les fouilles révèlent que ses fortifications étaient constituées d'un mur de pierre de plus de trois mètres de haut et de plus de quatre mètres de large. À son sommet se trouvait une pente de pierre lisse, inclinée à trente-cinq degrés sur une dizaine de mètres, où elle rejoignait d'énormes murailles de pierre qui s'élevaient encore plus haut. La ville était quasi imprenable, mais les murailles se sont effondrées lorsque Josué et son armée ont marché tout autour pendant sept jours d'affilée, et que le septième jour, ils ont encerclé les murailles, sonné de la trompette et poussé des cris. Les fouilles archéologiques correspondent à la description des murailles dans Josué 6.

En 1990, des chercheurs de Harvard ont déterré une statuette de veau en bronze argenté rappelant l'énorme veau d'or mentionné dans le livre de l'Exode.

En 1993, des archéologues ont mis au jour une inscription du IXe siècle avant J.-C. à Tel Dan. Les mots gravés dans un bloc de basalte font référence à la maison de David et au roi d'Israël. On prétendait autrefois qu'il n'existait aucun roi assyrien du nom de Sargon, mentionné dans Ésaïe 20:1, car ce nom ne figurait dans aucun autre document. Puis on a découvert le palais de Sargon en Irak, avec sur les murs une inscription mentionnant la prise d'Ashdod, événement mentionné dans le chapitre 20 d'Ésaïe. D'autres fragments de la stèle commémorant cette victoire ont été trouvés à Ashdod.

Les ruines de Sodome et Gomorrhe ont été découvertes au sud-est de la mer Morte. Des indices repérés sur le site semblent correspondre au récit biblique : « Alors l'Éternel fit pleuvoir du soufre et du feu sur Sodome et sur Gomorrhe. » (Genèse 19:24). Les décombres résultant de leur destruction atteignaient environ un mètre d'épaisseur et les bâtiments avaient été détruits par des incendies partis des toits. Frederick Clapp, un géologue américain, émet l'hypothèse que la pression d'un séisme aurait pu projeter du bitume chargé de soufre, très semblable à l'asphalte, et dont on connaît la présence dans la région, le long de la faille sur laquelle repose la ville.[6]

Nelson Glueck, célèbre rabbin américain également renommé en tant qu'archéologue et président du Hebrew Union College, a découvert 1 500 sites antiques. Il aurait déclaré : « Aucune découverte archéologique n'a jamais contredit une affirmation biblique. »[7] Le Dr William Albright, archéologue, bibliste et philologue, a affirmé : « Il ne fait aucun doute que l'archéologie a confirmé de façon significative l'historicité de l'Ancien Testament. »[8]

---

6   Frederick G. Clapp, *American Journal of Archaeology* (Chicago : University of Chicago Press, 1936), 323-344.

7   Nelson Glueck, *Rivers in the Desert* (New York : Farrar, Straus et Cudahy, 1959), 136.

8   William F. Albright, *Archaeology and the Religions of Israel* (Baltimore : John Hopkins University Press, 1956), 176.

Enfin et surtout, il existe des preuves bibliographiques. Un codex est un ensemble de pages manuscrites reliées par couture. C'est la forme la plus ancienne du livre, celle qui a remplacé les rouleaux et les tablettes de cire des époques antérieures. Le texte massorétique ne désigne pas un codex particulier, mais il s'agit plutôt d'une expression générique pour ce que nous considérons comme le texte juif/rabbinique faisant autorité pour l'Ancien Testament. Au VIᵉ siècle, un groupe d'érudits appelés Massorètes a entrepris de répertorier minutieusement tout ce qui devait être le texte correct de la Bible. Ils ont inscrit des notes rigoureuses dans les marges et ont comparé tous les manuscrits existants. Grâce à leur érudition exceptionnelle, leur œuvre est rapidement devenue le texte de la Bible faisant autorité absolue. Les Massorètes ont tout pris en compte, depuis le texte lui-même jusqu'à la vocalisation correcte, aux accents et aux versets complets avec l'indication des orthographes défectives. Les Massorètes étaient extrêmement méticuleux et formés professionnellement à la copie de documents. Ils considéraient la parole de Dieu avec le plus grand respect. Par exemple, s'ils devaient copier le livre d'Ésaïe, le texte entier devait être en lettres majuscules, sans ponctuation ni paragraphes. Après avoir achevé la copie, ils devaient compter les lettres et trouver la lettre centrale du livre. Si elle ne correspondait pas exactement, ils devaient rejeter la copie et en commencer une nouvelle. Toutes les copies actuelles du texte hébreu concordent de façon remarquable.

Au Xe siècle, alors que l'ère des Massorètes touchait à sa fin, ils ont rassemblé toutes les recherches qu'ils avaient menées au fil des siècles dans un unique manuscrit de la Bible. En 920, un scribe nommé Shlomo ben Bouya'a a rédigé un manuscrit dans la plus pure tradition massorétique, à Tibériade (Israël). Ce manuscrit est connu sous le nom de Codex d'Alep.

En 1947, les manuscrits de la mer Morte ont été découverts dans la région de Qumran, en Israël. Il s'agit de divers rouleaux qui datent du Ve siècle avant J.C. au Ier siècle apr. J.C. Les historiens pensent que des scribes juifs ont utilisé le site afin de préserver la Parole de Dieu et de protéger les écrits lors de la destruction de Jérusalem en 70 apr. J.C. Les manuscrits de la mer Morte comprennent presque tous les livres de l'Ancien Testament, et les comparaisons avec des manuscrits plus récents montrent qu'ils sont quasi identiques. Les principales divergences concernent l'orthographe de certains noms propres et d'autres différence insignifiantes. Par exemple, les manuscrits de la mer Morte contiennent un exemplaire complet du livre d'Ésaïe. Lorsque des érudits rabbiniques ont comparé la version d'Ésaïe 53 des manuscrits de la mer Morte avec celle du texte massorétique, ils n'ont trouvé que dix-sept lettres différentes sur les 166 mots du chapitre. Dix de ces lettres correspondent à des différences orthographiques mineures (par exemple, « clé » et « clef »), quatre à des différences stylistiques (comme la présence d'une conjonction), et les trois autres à une orthographe différente du mot « lumière ». Autrement dit, les différences sont tout à fait négligeables. Par conséquent, nous concluons qu'il n'y a aucune déformation réelle dans le texte que nous lisons aujourd'hui, ce qui est étonnant !

R. Laird Harris, dirigeant d'église, spécialiste de l'Ancien Testament et fondateur du Covenant Theological Seminary, a rédigé un livre intitulé *Can I Trust My Bible ?* (« Puis-je faire confiance à ma Bible ? »). Il a écrit : « Nous pouvons maintenant être sûrs que les copistes ont travaillé avec beaucoup de soin et de précision sur l'Ancien Testament, même si l'on remonte à 225 av. J.C. [...] En effet, ce serait faire preuve d'un scepticisme inconsidéré que de nier aujourd'hui que l'Ancien Testament dont nous disposons est très proche de celui qu'utilisait Esdras lorsqu'il enseignait la parole du Seigneur à ceux qui étaient revenus de la captivité babylonienne. »[9]

La composition du Nouveau Testament a été officiellement fixée au concile de Carthage en 397 apr. J.C. Cependant, la majeure partie du Nouveau Testament était reconnue comme faisant autorité bien plus tôt. Le premier recueil du Nouveau Testament a été proposé par un homme nommé Marcion en 140 apr. J.C.

9   R. Laird Harris, *Can I trust My Bible ?* (Chicago : Moody Press, 1963), 67-89.

Marcion était docète. Le docétisme est une doctrine selon laquelle tout esprit est bon et toute matière est mauvaise. Par conséquent, Marcion a exclu de son Nouveau Testament tout livre qui évoquait la double nature, divine et humaine, de Jésus. Il a aussi remanié les épîtres de Paul pour les adapter à sa propre philosophie.

Le recueil suivant des livres du Nouveau Testament, à notre connaissance, est le Canon de Muratori, daté de 170 apr. J.C. Il comprenait les quatre évangiles, treize lettres de Paul, les lettres 1, 2 et 3 de Jean, la lettre de Jude et l'Apocalypse, et il a été ratifié par le concile de Carthage en 397 apr. J.C. Le manuscrit a été découvert à la Bibliothèque Ambrosienne de Milan, en Italie, par l'historien italien Antonio Ludovico Muratori, qui l'a publié en 1740.

Cependant, l'histoire montre que le Nouveau Testament des Bibles modernes a été reconnu beaucoup plus tôt et qu'il reflète fidèlement le contenu des manuscrits. Par exemple, vers 95 apr. J.C., Clément de Rome a cité des extraits de onze livres du Nouveau Testament. Vers 107 apr. J.C., Ignace d'Antioche a cité des extraits de presque tous les livres. Vers 110 apr. J.C., Polycarpe, disciple de Jean, a cité des extraits de dix-sept livres. En utilisant ces citations, on peut reconstituer la totalité du Nouveau Testament, à l'exception de vingt-cinq versets environ, principalement tirés de Jean 3. Tout cela témoigne du fait que le Nouveau Testament a été reconnu bien avant le concile de

Carthage et que le Nouveau Testament dont nous disposons aujourd'hui est identique à celui qui a été écrit il y a deux mille ans. Il n'existe dans le monde antique aucun équivalent littéraire du Nouveau Testament, en termes de nombre de copies manuscrites et de datation ancienne. Nous avons 5 300 manuscrits grecs et 10 000 manuscrits latins du Nouveau Testament. En plus de cela, il existe aujourd'hui neuf mille copies diverses du Nouveau Testament écrites en syriaque, copte, arménien, gothique et éthiopien – dont certaines remontent presque à l'époque de la traduction originale de Jérôme en 384 apr. J.C. Nous possédons également plus de treize mille copies de portions du Nouveau Testament qui ont survécu jusqu'à notre époque, et on en découvre de plus en plus.

Le Codex Vaticanus est le plus ancien manuscrit existant de la Bible grecque. Il doit son nom à son lieu de conservation, la Bibliothèque vaticane, où il est conservé depuis au moins le XVe siècle. Il est écrit sur 759 feuilles de vélin (de la peau animale préparée, généralement de la peau de veau), en caractères onciaux (un style de calligraphie appelé *scriptio continua* – sans espaces entre les mots), et les paléographes (la paléographie est l'étude des formes d'écriture anciennes à des fins de datation) l'ont daté du IVe siècle, entre 300 et 325 apr. J.C.

Nous possédons également le Codex Sinaiticus, un manuscrit alexandrin écrit en caractères onciaux sur parchemin et datant du IVe siècle (330 360 apr. J.C.). Il est conservé à la British Library de Londres. Ces deux codex, Vaticanus et Sinaiticus, sont deux exemplaires complets du Nouveau Testament, écrits sur parchemin au IVe siècle.

D'époque encore plus ancienne, nous possédons des fragments et des copies sur papyrus de portions du Nouveau Testament datant de 180 à 225 apr. J.C. Les exemples les plus remarquables sont le papyrus Chester Beatty et les papyrus Bodmer II, XIV et XV. À partir de ces seuls manuscrits, nous pouvons reconstituer la totalité des livres de Luc, Jean, Romains, 1 et 2 Corinthiens, Galates, Éphésiens, Philippiens, Colossiens, 1 et 2 Thessaloniciens, Hébreux, ainsi que des portions de Matthieu, Marc, Actes des Apôtres et du livre de l'Apocalypse.

Le papyrus Rylands, aussi appelé papyrus Rylands P52, est le plus ancien fragment connu à ce jour. Il a été découvert en Égypte et les paléographes l'ont daté de l'an 130 apr. J.C. Cette découverte a obligé les critiques à replacer le quatrième Évangile au premier siècle et à abandonner leur affirmation antérieure selon laquelle il ne pouvait pas avoir été écrit par l'apôtre Jean. Le papyrus Rylands est exposé à la bibliothèque universitaire John Rylands de Manchester, en Angleterre. Il contient les versets suivants de Jean 18 :

Pilate leur dit : « Prenez-le vous-mêmes et jugez-le d'après votre loi. » Les Juifs lui dirent : « Nous n'avons pas le droit de mettre quelqu'un à mort. » C'était afin que s'accomplisse la parole que Jésus avait dite pour indiquer de quelle mort il allait mourir. Pilate rentra dans le prétoire, appela Jésus et lui dit : « Es-tu le roi des Juifs ? » Jésus [lui] répondit : « Est-ce de toi-même que tu dis cela ou d'autres te l'ont-ils dit de moi ? » Pilate répondit : « Suis-je un Juif, moi ? Ta nation et les chefs des prêtres t'ont livré à moi. Qu'as-tu fait ? » Jésus répondit : « Mon royaume n'est pas de ce monde. Si mon royaume était de ce monde, mes serviteurs auraient combattu pour moi afin que je ne sois pas livré aux Juifs mais en réalité, mon royaume n'est pas d'ici-bas. » Pilate lui dit : « Tu es donc roi ? » Jésus répondit : « Tu le dis, je suis roi. Si je suis né et si je suis venu dans le monde, c'est pour rendre témoignage à la vérité. Toute personne qui est de la vérité écoute ma voix. » Pilate lui répliqua : « Qu'est-ce que la vérité ? »

Ces versets font partie des plus importants de ceux qui concernent la vérité sur Dieu, le Messie, l'homme, le péché et le salut.

Les *Histoires* d'Hérodote sont une œuvre fondatrice de la science historique du monde occidental. Elle a contribué à en établir les connaissances et à définir les principes de l'historiographie occidentale. Comme on le voit dans les données du tableau suivant, on peut accorder plus de crédibilité et d'authenticité à l'origine de l'Évangile de Jean qu'à celle des écrits d'Hérodote.

Auteur et œuvre	Évangile de Jean	*Histoires* d'Hérodote
Dates de l'auteur	10-100	vers 485-425 av. J.-C.
Date des événements	27-30	546-478 av. J.-C.
Date de rédaction	90-100	425-420 av. J.-C.
Le plus ancien manuscrit	130	900
Écart entre événements et écriture	< 70 ans	50-125 ans
Écart entre événements et manuscrit	< 100 ans	1400-1500 ans

Sir Frederic G. Kenyon, paléographe (expert en écriture ancienne), a écrit un livre intitulé *The Bible and Archaeology* (« La Bible et l'archéologie »), dans lequel il a écrit : « L'intervalle entre la date de composition originale et celle des plus anciens témoignages existants devient alors si petit qu'il est en fait négligeable, et le dernier fondement de tout doute sur le fait que les Écritures nous sont parvenues quasiment telles qu'elles ont été écrites, a maintenant été levé. L'authenticité et l'intégrité générale des livres du Nouveau Testament peuvent être considérées comme définitivement établies. »[10]

Brooke Foss Wescott, évêque et bibliste britannique, et Fenton John Anthony Hort, théologien d'origine irlandaise, ont mis vingt-huit ans à établir leur Nouveau

---

10   Sir Frederic G. Kenyon, *The Bible and Archaeology* (Londres : George G. Harrap & Co, 1940), 288-289.

Testament en grec ancien. Ils ont affirmé : « Si l'on met de côté les différences mineures, tels que les changements dans l'ordre des mots, l'insertion ou l'omission de l'article devant les noms propres, etc., les mots sur lesquels, à notre avis, on peut encore avoir un doute ne représentent guère plus d'un millième du Nouveau Testament. »[11]

En d'autres termes, les petites modifications et variations observées dans les manuscrits ne changent aucune doctrine fondamentale ; elles n'affectent en rien le christianisme. Le message est le même, avec ou sans variation. Nous avons la Parole de Dieu !

L'univers a eu un commencement. En revanche, de nombreux mythes anciens décrivent l'univers comme l'organisation d'un chaos préexistant, plutôt que comme une création. Par exemple, les Babyloniens croyaient que les dieux qui ont donné naissance à l'univers provenaient de deux océans. D'autres légendes racontent que l'univers provient d'un œuf géant. Les adversaires de la foi, ainsi que les non-croyants en général, voudraient nous faire croire qu'aucun scientifique ne croit en Dieu. Ils affirment que, du point de vue de la science, croire en Dieu n'est pas une nécessité.

Le Da Vinci Code est un roman de Dan Brown qui explore une histoire religieuse alternative. Il s'est vendu à quatre-vingts millions d'exemplaires et a été traduit

---

11   Brooke Foss Wescott et Fenton John Anthony Hort, *The New Testament in Original Greek* (New York : Harper & Brothers, 1881) 561.

en quarante-quatre langues. Dans *Le Da Vinci Code*, un « expert » déclare : « La Bible n'est pas arrivée du ciel par fax... La Bible est une production de l'homme, ma chère. Pas de Dieu. La Bible n'est pas tombée miraculeusement du ciel. L'homme l'a créée comme un récit historique d'une époque tumultueuse, et elle a évolué à travers d'innombrables traductions, ajouts et révisions. L'histoire n'a jamais connu de version définitive de ce livre. »[12] Heureusement, cette remarque figure dans une œuvre de fiction – à sa juste place.

Les scientifiques laïcs regardent souvent de haut ceux qui croient en Dieu, aux miracles, à la création, etc., et ils se servent de prétendus faits scientifiques pour contester notre croyance en l'existence de Dieu. Cependant, ce ne sont pas tous les scientifiques qui rejettent l'idée de Dieu. Il y a toujours eu, au sein de la communauté scientifique, des personnes dont la foi en Dieu est restée le fondement de leur vie, même lorsqu'elles menaient des recherches scientifiques et faisaient des découvertes. En voici quelques exemples parmi tant d'autres.

Francis Bacon (1561-1626). Bacon est généralement considéré comme le principal promoteur de ce qu'on appelle la « méthode scientifique ». Cette méthode met l'accent sur l'observation et la vérification plutôt que sur les conjectures philosophiques (le développement d'une

---

12   Dan Brown, *The Da Vinci Code* (New York : Doubleday, 2003), 231.

opinion ou d'une théorie sans indices suffisants pour la prouver). Bacon croyait que Dieu nous avait donné deux livres à étudier : la Bible et la nature.

Johann Kepler (1571-1630). Johann Kepler est considéré par beaucoup comme le fondateur de l'astrophysique. Il a découvert les lois du mouvement planétaire et établi la discipline de la mécanique céleste. Parmi ses contributions scientifiques, on compte la démonstration concluante de l'héliocentrisme du système solaire (qui a le Soleil pour centre), l'élaboration d'une méthode de cartographie du mouvement des étoiles et sa contribution au développement du calcul infinitésimal. Kepler, qui était chrétien, a étudié au séminaire, mais, tout en restant fidèle à Dieu, il s'est finalement consacré à l'enseignement de l'astronomie. C'est à lui qu'on doit la formule et l'idée selon laquelle la recherche et la découverte consistent à « penser les pensées de Dieu après lui », une devise adoptée ensuite par de nombreux scientifiques chrétiens.

Blaise Pascal (1623-1662). Pascal, l'un des plus grands philosophes, est considéré comme le père de l'hy-drostatique, l'étude de la pression exercée par les fluides sur d'autres objets. Il a beaucoup contribué au développement du calcul infinitésimal et de la théorie des probabilités, ainsi qu'à l'invention du baromètre. Cependant, c'était un homme profondément religieux, qui a beaucoup réfléchi et écrit sur sa foi. Ce qui a peut-être le plus contribué à sa réputation est ce que les chrétiens appellent le « pari de Pascal », qui, en gros, pose la question du risque qu'il y aurait à vivre comme si Dieu n'existait pas.

Isaac Newton (1642-1727). Qui n'a jamais entendu parler de Sir Isaac Newton ? On lui attribue la découverte de la loi de la gravitation universelle et des trois lois du mouvement universel, ainsi que le développement du calcul infinitésimal en une branche complète des mathématiques. Chrétien depuis sa jeunesse, Newton a beaucoup écrit plus tard contre l'athéisme et pour la défense de la foi chrétienne. Il était convaincu que la Bible présentait plus de garanties d'authenticité qu'aucun document historique jamais écrit.

Samuel F.B. Morse (1791-1872). Si on se souvient de Morse, c'est surtout, sans doute, pour son invention du télégraphe. Cependant, il a aussi inventé le premier appareil photo d'Amérique et a réalisé le premier portrait photographique. Morse était un homme profondément attaché à Dieu. Le premier message qu'il a envoyé en 1844, en utilisant le télégraphe qu'il venait d'inventer, était : « Ce que Dieu a accompli ! » (une citation de Nombres 23:23). Il a consacré sa vie à aimer et à servir Dieu. Peu avant sa mort, Morse a écrit ces mots : « Plus j'approche de la fin de mon pèlerinage, plus l'origine divine de la Bible m'apparaît clairement, plus j'apprécie la grandeur et la sublimité du remède que Dieu a prévu pour l'homme déchu, et plus l'avenir s'illumine d'espoir et de joie. »[13]

Louis Pasteur (1822-1895). Pasteur était un géant de la science médicale et a joué un rôle déterminant dans l'élaboration de la théorie microbienne des maladies, parmi de nombreuses autres contributions importantes dans les domaines de la chimie et de la physique. Ses recherches ont permis de développer des vaccins contre de nombreuses maladies. Pasteur a contribué à ruiner la théorie évolutionniste de la génération spontanée. Il s'est aussi aperçu, comme d'autres aujourd'hui, que lorsqu'on défend la croyance biblique de la création, les scientifiques naturalistes laïques passent à l'attaque.

William Thompson, Lord Kelvin (1824-1907). Kelvin a établi l'échelle des températures absolues. Ces températures sont exprimées aujourd'hui en « degrés Kelvin ». Il a également établi la thermodynamique comme discipline scientifique à part entière et a formulé ses première et deuxième lois en termes précis. Kelvin était convaincu que la science confirme la réalité de la création. C'était un chrétien pieux et humble, même lorsqu'il s'est engagé vigoureusement dans la controverse

---

13 Ray Comfort, *Scientific Facts in the Bible* (Newberry, Floride : Bridge-Logos Publishers, 2001), 50.

sur l'âge de la Terre en rejetant le darwinisme et en défendant le créationnisme.

Wernher von Braun (1912-1977) : Von Braun a joué un rôle déterminant dans le développement de la fusée allemande V-2 avant d'émigrer en Amérique. Il a dirigé le développement des missiles guidés américains pendant plusieurs années avant de devenir directeur de la NASA. À propos des vols spatiaux, il a écrit un jour : « Voir par cet œilleton les vastes mystères de l'univers ne devrait que confirmer notre certitude de l'existence de son Créateur. »[14]

Francis Collins (né en 1950). Directeur du Projet Génome Humain, il a publiquement affirmé sa foi en Dieu. Collins a exprimé l'émerveillement spirituel que lui inspirait la recherche scientifique en ces termes : « Lorsqu'une nouvelle découverte est faite sur le génome humain, je ressens un profond émerveillement en me rendant compte que l'humanité sait désormais quelque chose que seul Dieu savait auparavant. »[15]

Je vous ai présenté des preuves internes, externes et bibliographiques fondamentales afin de démontrer que nous pouvons avoir une confiance absolue en l'authenticité de la Bible. Les manuscrits hébreux et grecs, bien qu'il s'agisse de copies, ont été providentiellement

---

14   Wernher von Braun, *My Faith*, American Weekly, 10 février 1963.

15   Mark O'Keefe, « Some on Shuttl Crew Saw God's Face in Universe », Washington Post, 8 février 2003.

préservés, et les traductions disponibles sont exemptes de tout parti pris théologique. Par conséquent, nous pouvons avoir l'assurance que la Bible que nous lisons aujourd'hui contient les Écritures telles qu'elles ont été écrites à l'origine, et nous pouvons les lire sans craindre qu'elles aient été altérées pour soutenir une église ou une doctrine particulière. La Bible a été inspirée par Dieu et contient les livres qui font autorité pour nous tous.

La Bible déclare que les gens meurent soit dans leurs péchés (Jean 8:24), soit dans le Seigneur (Apocalypse 14:13). La manière dont une personne meurt ou le moment de sa mort n'est pas ce qui importe le plus. Voici ce qui importe le plus : est-ce que vous mourrez dans vos péchés ou est-ce que vous mourrez dans le Seigneur ?

QUE SIGNIFIE MOURIR DANS SES PÉCHÉS ?

« Je suis la lumière du monde. Celui qui me suit ne marchera pas dans les ténèbres, mais il aura au contraire la lumière de la vie. » (Jean 8,12). Jésus a dit : « Je suis la lumière du monde. » Vous devez remercier Dieu pour tout ce qu'il y a de bon dans votre vie et pour tout ce qu'il y a de bon dans le monde. Sans lui, il n'y a ni lumière, ni amour, ni espoir, ni paix, ni joie. Éliminez-le, et tout devient ténèbres. Ensuite, Jésus a dit : « Celui qui me suit ne marchera pas dans les ténèbres. » Imaginez que nous soyons tous dans un tunnel obscur. Jésus porte une lumière et il vient vers nous en traversant le tunnel. Si nous marchons avec lui, nous marchons dans sa lumière. Mais si nous refusons de le suivre et prenons le chemin opposé, la lumière s'éloignera de plus en plus de nous, et finalement, nous serons perdus dans les ténèbres.

C'est vrai dans cette vie, et évidemment, c'est aussi vrai dans le monde à venir. Au-delà de ce monde, il existe un lieu où se trouve Jésus. Parce qu'il s'y trouve, c'est un monde de lumière, d'amour, de paix et de joie. Mais au-delà de ce monde, il existe aussi un lieu où Jésus ne se trouve pas. Parce qu'il ne s'y trouve pas, c'est un monde de ténèbres, de haine, de troubles et de misère.

Lorsque Jésus a dit : « Je suis la lumière du monde ; celui qui me suit ne marchera pas dans les ténèbres, mais il aura au contraire la lumière de la vie », il est devenu immédiatement évident que son auditoire n'était pas d'accord avec lui.

Ils ont cherché à contester sa légitimité à parler. « Tu te rends témoignage à toi-même », disaient-ils ; ou, comme on dirait aujourd'hui : « Ce n'est que ton opinion ! » Ce débat est rapporté dans Jean 8:13-20, et il ressemble beaucoup à ce qu'il est encore souvent de nos jours.

Il n'en demeure pas moins qu'on ne peut s'inviter soi-même au ciel. Jésus a dit : « Je m'en vais et vous me chercherez ; mais vous mourrez dans votre péché ; vous ne pouvez pas venir là où je vais. » (Jean 8,21).

Les chefs religieux étaient sûrs d'aller au ciel (tout comme la plupart des Américains d'aujourd'hui), alors ils disaient : « Nous irons au ciel. Si nous ne pouvons pas aller là où il va, c'est qu'il doit aller ailleurs ; peut-être qu'il va se suicider. »

Alors Jésus a dit : « Vous êtes d'en bas, et moi, je

suis d'en haut ; vous êtes de ce monde, et moi, je ne suis pas de ce monde. » (Jean 8,23). Il nous dit : « La terre est votre demeure. Vous n'avez pas votre place là-haut, au ciel. Le ciel est ma demeure. Je n'ai pas ma place ici, sur terre. » Il y a une différence immense entre nous et Jésus. Le ciel ne nous appartient pas.

Imaginez que quelqu'un frappe à votre porte et que vous ouvriez pour vous retrouver face à un inconnu. Vous ne l'avez jamais vu auparavant. Avant même que vous puissiez dire quoi que ce soit, il pousse la porte, passe en vous frôlant, monte les escaliers et commence à déballer ses affaires dans l'une des chambres.

Vous lui demandez : « Qu'est-ce que vous pensez faire ? »

Il dit : « C'est une maison charmante, et j'ai décidé d'y habiter. »

Vous restez là, complètement stupéfait, et vous dites : « Excusez-moi, mais c'est ma maison. Si vous ne partez pas tout de suite, je vais appeler la police. »

Si vous m'invitez chez vous, je peux y séjourner en tant qu'invité, mais je n'ai aucun droit d'y rester si vous ne m'invitez pas. Tout dépend de votre invitation. Si je reste chez vous, ce sera à votre convenance. Le ciel est la demeure de Jésus, et nous n'y avons aucun droit. Nous sommes d'en bas. Nous n'avons pas notre place là-bas.

Jésus a dit : « C'est pourquoi je vous ai dit que vous mourrez dans vos péchés. En effet, si vous ne croyez pas que moi, je suis, vous mourrez dans vos péchés. »

(Jean 8:24). Mourir dans vos péchés signifie emporter vos péchés avec vous dans la mort. Imaginez quelqu'un qui passe de la vie à la mort. Il ne sait pas ce qui lui arrive. Il avance. Il s'en va. Il n'a pas le choix dans cette affaire. Il sait qu'il ne peut pas revenir en arrière. Il meurt dans ses péchés. Il a un terrible sentiment de culpabilité. Soudain, toute sa vie défile devant lui et il la voit pour ce qu'elle est : tout y est mauvais. Toute sa vie, il a étouffé sa conscience, agi contre elle, et l'a fait taire. Soudain, celle-ci se manifeste et il a la nausée, parce qu'il se sent condamné. Pire encore, il est condamné aux yeux de Dieu et il se trouve sous la malédiction divine du péché. Il comprend tout cela maintenant. Il ne l'avait pas compris auparavant, mais c'est clair pour lui maintenant.

Comme l'a dit David Martyn Lloyd-Jones :

> « Les commandements qu'il a étouffés et réduits au silence se mettent à lui parler : tu ne commettras pas de meurtre ; tu ne commettras pas de vol ; tu ne commettras pas d'adultère ; tu n'utiliseras pas le nom de l'Éternel, ton Dieu, à la légère ; tu aimeras l'Éternel, ton Dieu, et tu le serviras lui seul – et il ne les a pas respectés ! Et le voilà qui meurt, et tout lui revient. Il meurt dans ses péchés, entouré par eux, dans leur atmosphère. Voilà où il en est. Et là, il entrevoit l'avenir, et il y voit des éclairs d'enfer, de tourments et de misère. Il

est envahi par le remords et le dégoût de ses
actes. Il se déteste et sent qu'il a été stupide. Il
a vécu sa vie sans penser à cela – à ce qu'il y
a de plus vital ! Il quitte le présent et se dirige
vers un avenir inconnu. Et il ne sait pas, il ne
comprend pas. Rien de ce pour quoi il a vécu
ne l'aide, et là, il voit ces horreurs qui l'attendent. Et je crois qu'à ce moment-là, il lui est
donné d'entrevoir le ciel et la gloire, mais il se
rend compte qu'il n'en est pas digne. C'est un
monde immaculé, pur, lumineux, saint, et il
sait qu'il n'y serait pas heureux. Il n'y a jamais
pensé. Il a vécu pour le contraire. Et il y a
Dieu dans sa gloire, et toute cette pureté, toute
cette adoration. Ça ne l'intéresse pas. Ça ne l'a
jamais intéressé, et pourtant il voit que c'est
merveilleux et glorieux, mais il n'en est pas
digne. Il ne peut pas y aller. »[16]

Il n'y a rien de plus tragique que de mourir dans ses
péchés.

On trouve à trois endroits des Écritures l'expression
« mourir dans son péché » ou une expression similaire :
Ézéchiel 3:20, Jean 8:21 et Jean 8:24.

Ézéchiel 3:20 dit : « Si un juste renonce à sa justice et
commet l'injustice, je mettrai un piège devant lui et il

---

16   David Martyn Lloyd-Jones, « Two Ways of Dying » (« Deux façons
      de mourir », https://www.mljtrust.org/sermons/book-of-john/
      two-ways-of-dying/.

mourra. Parce que tu ne l'auras pas averti, il mourra à cause de son péché et l'on ne se souviendra plus de la justice qu'il avait pratiquée, mais je te réclamerai son sang. »

Ézéchiel a été désigné comme veilleur par Dieu. Il avait la responsabilité de proclamer la Parole divine et d'avertir solennellement le peuple. Le prophète avait été averti que s'il ne sonnait pas l'alarme, s'il ne parlait pas au peuple pour l'avertir du jugement à venir, le sang de celui-ci serait sur ses mains (Ézéchiel 33:7-9). Dans l'Ancien Testament, être prophète était un travail redoutable et impliquait une immense responsabilité. C'était une charge que personne ne désirait vraiment. C'était aussi une existence solitaire. Un prophète était un catastrophiste, qui finissait généralement par connaître une mort misérable, comme le prophète Ésaïe, scié en deux ; le prophète Zacharie, lapidé ; ou le prophète Amos, battu à coups de bâton – et tout cela du fait de leur propre peuple ! Pourquoi ? La réponse est simple : la plupart des gens ne veulent pas entendre la vérité. Oh, ils disent peut-être vouloir la vérité, mais ils sont incapables d'y faire face. Les émissions de télé-réalité semblent très populaires aujourd'hui, pourtant dans la vraie vie, la vérité n'est pas aussi bien accueillie.

> « Je m'en vais et vous me chercherez, mais
> vous mourrez dans votre péché ; vous
> ne pouvez pas venir là où je vais… C'est
> pourquoi je vous ai dit que vous mourrez

dans vos péchés. En effet, si vous ne croyez pas que moi, JE SUIS [celui que je dis être], vous mourrez dans vos péchés. » (Jean 8:21, 24).

D'après ces versets, l'expression « mourir dans ses péchés » semble signifier qu'à sa mort physique, une personne conservera tous les péchés qu'elle a commis, ainsi que leurs conséquences et la punition prévue pour ces péchés. En fin de compte, elle subira une punition éternelle. La mort physique sépare l'esprit d'avec le corps ; la mort spirituelle sépare l'esprit d'avec Dieu.

Le péché est la violation de la loi de Dieu (1 Jean 3:4), et le péché nous sépare de Dieu (Ésaïe 59:2). De sorte que, malheureusement, tous ceux qui ne placent pas leur confiance dans le sacrifice du Christ mourront dans leurs péchés. Je dis « malheureusement » parce que ce n'est pas une fatalité. Il n'est pas obligatoire que leurs péchés soient pris en compte contre eux. Remarquez que le texte ne dit pas qu'ils mourront de leurs péchés, mais plutôt dans leurs péchés. Leurs péchés demeureront. Ils n'en seront jamais libérés et n'auront jamais la vie éternelle. Pour moi, c'est bouleversant – surtout quand cela peut être évité.

Dans Jean 8:21, le mot « péché » est au singulier, ce qui suggère, d'après le contexte, qu'ils mourront avec la culpabilité d'avoir rejeté Jésus. Ils seront pour toujours empêchés d'entrer au ciel, où le Seigneur s'en allait. C'est une vérité solennelle ! Ceux qui refusent d'accepter Jésus comme Sauveur et Seigneur n'auront aucun espoir d'aller au ciel. Quelle chose épouvantable de mourir dans ses péchés – sans Dieu, sans Christ, et sans espoir pour l'éternité !

Dans Jean 8:24, le mot « péchés » est au pluriel. Cela suggère que les non-croyants mourront avec tous leurs péchés, et pas seulement celui d'avoir rejeté Jésus. En toute logique, on peut dire qu'à cause du péché consistant à rejeter Jésus, tous les autres péchés sont retenus.

Le péché est un problème de loi. Puisque le péché est la violation de la loi de Dieu (1 Jean 3:4), lorsque nous péchons, nous en supportons les conséquences prévues par la loi. Jésus n'a jamais violé la loi (1 Pierre 2:22). Notre péché lui a été imputé (transféré légalement) sur la croix (1 Pierre 2:24). Puisque le salaire du péché, c'est la mort (Romains 6:23), et puisque Jésus est mort avec nos péchés, et qu'il a ainsi rempli les exigences de la loi, le problème juridique que constitue la dette du péché est réglé par le sacrifice du Christ. C'est pourquoi il a pu dire : « Tout est accompli ! » (Jean 19:30). Tous ceux qui acceptent le sacrifice de Jésus par la foi seront déclarés justes par cette foi (Romains 5:1). Cela signifie qu'ils sont légalement déclarés justes devant Dieu. Par conséquent, lorsque ceux qui ont mis leur confiance en Jésus meurent, ils ne meurent pas avec leurs péchés. Ils meurent libres des conséquences juridiques de leur péché. Cependant, tous ceux qui n'ont pas mis leur confiance en Jésus par la foi supporteront les conséquences légales de leur péché et subiront la punition prévue par la loi.

« Vous mourrez dans votre péché. » (Jean 8:21). Au singulier. Un seul péché. Quel est ce péché ? Quel est le seul péché dans lequel ces gens risquent de mourir ? « C'est pourquoi je vous ai dit que vous mourrez dans vos péchés. En effet, si vous ne croyez pas que moi, JE SUIS [celui que je dis être], vous mourrez dans vos péchés. » (Jean 8:24). « Si vous ne croyez pas que JE SUIS [celui que je dis être] ». L'incrédulité à l'égard de Jésus-Christ est le seul péché à cause duquel vous emporterez tous vos autres péchés dans la mort. À moins de croire, vous mourrez dans vos péchés. Si vous changez d'attitude, vous avez l'espérance de l'Évangile. L'incrédulité à l'égard du Christ vous amène à mourir dans vos péchés, mais si vous croyez que Jésus est le Messie, vous ne mourrez pas dans vos péchés.

Pourquoi croire en Jésus est-il si important ? Parce que la foi est le lien d'une union vivante dans laquelle vous vous donnez au Christ et dans laquelle le Christ se donne à vous. Le Christ devient votre Sauveur et votre ami. Le Christ devient votre Seigneur et Maître, et lorsque vous lui appartenez, sa demeure est la vôtre.

Il y a plus encore. Jésus a vécu une vie sans péché. Il est le seul à l'avoir jamais fait et à pouvoir le faire. Il a vécu et est mort sans péché. La Bible nous dit qu'il « a lui-même porté nos péchés dans son corps à la croix » (1 Pierre 2:24). « L'Éternel a fait retomber sur lui nos fautes à tous. » (Ésaïe 53:6).

Ce qui est merveilleux et vrai pour chacun de ceux qui ont foi en Jésus-Christ, c'est que le Christ a porté vos péchés dans sa mort et qu'ainsi, vous ne les porterez pas dans la vôtre. Croyez au Seigneur Jésus-Christ, accueillez-le, recevez-le et suivez-le (en vous soumettant à sa volonté) – et vous ne mourrez pas dans vos péchés. Vous mourrez dans le Seigneur ! « Heureux les morts qui meurent dans le Seigneur » (Apocalypse 14:13). Même si vous êtes en train de mourir de soif, il est possible que vous ne mouriez pas en ayant soif.

Que peut-on dire à un ami ou un être cher qui n'est pas croyant et qui approche de la mort ? En fait, j'ai récemment vécu cette situation. J'avais un ami très cher, mon meilleur ami, que je connaissais depuis plus de trente ans. Nous nous sommes rencontrés dans une salle de sport où je travaillais pour compléter mon salaire de ministre du culte. Bien que mon ami ait été un brillant chirurgien alors que je n'étais qu'un coach personnel, nous avions développé un profond respect mutuel, ainsi qu'une belle amitié. Les mots ne peuvent suffire à exprimer mes sentiments pour mon ami le plus cher, mais si je devais le décrire, j'emploierais des mots comme aimant, aimable, généreux, brillant, joyeux, attentionné, hospitalier, drôle et compatissant. Cependant, on ne peut pas oublier qu'il était pécheur et que, comme nous tous, il était loin de remplir les saintes exigences de Dieu pour pouvoir être avec Lui pour toujours.

Après notre déménagement en Géorgie il y a vingt ans pour fonder une congrégation, je rendais visite à mon ami tout au long de l'année en revenant souvent en Floride pour passer une semaine à chaque fois avec lui. J'étais vraiment impatient de le voir. Il jouissait d'une bonne santé, et c'est pourquoi le diagnostic de son cancer a été un choc. C'était complètement inattendu. Un jour, il a ressenti des douleurs anormales. Les examens ont révélé qu'il avait de multiples tumeurs dans tout le corps. Je ne crois pas que l'Évangile ait quoi que ce soit à voir avec Frank Sinatra, mais cette phrase de sa chanson « That's Life » s'applique vraiment ici : « On s'envole en avril, on s'écrase en mai. » Je suis immédiatement allé le voir, car j'avais le fort pressentiment que sa maladie allait causer sa mort.

Malgré le fait que c'était une personne brillante, il n'en restait pas moins qu'il était pécheur, comme nous tous, et qu'il avait désespérément besoin d'un Sauveur. C'est ce que je lui ai littéralement témoigné pendant trente ans. Le dernier jour où je l'ai vu à l'hôpital, j'ai juste pleuré à son chevet, car malgré mes prières incessantes, j'avais la forte intuition que ce serait la toute dernière fois que nous aurions l'occasion de nous parler dans cette vie. Il ne pouvait plus beaucoup parler, mais il pouvait écouter et comprendre. À travers mes larmes, je lui ai dit avec quelle ardeur je souhaitais l'entendre demander pardon à Dieu et accepter Jésus comme son Seigneur et Sauveur. Je lui ai dit que c'était le seul chemin vers le ciel et que j'avais besoin de savoir que je le reverrais. Je l'ai supplié de ne pas mourir dans ses péchés. Je suis plus qu'heureux de vous dire qu'il a, en effet, accepté Jésus comme son Seigneur et Sauveur. La Bible dit que si vous reconnaissez publiquement de votre bouche et croyez dans votre cœur que Jésus est le Seigneur, vous serez sauvés (Romains 10:9).

Le fait est qu'il y a dans la vie des événements qui offrent la possibilité de choisir et d'autres qui ne l'offrent pas. Par exemple, la naissance, la mort et la résurrection sont des événements pour lesquels on n'a pas le choix. En revanche, vous avez le choix en ce qui concerne votre destinée finale. La Bible nous enseigne que tous les êtres humains ressusciteront au dernier jour. Certains ressusciteront pour la condamnation éternelle, d'autres pour la bénédiction éternelle. Ce sont les deux seules possibilités.

Aujourd'hui, tout ce qui compte, c'est de rester jeune et de préserver sa jeunesse. L'apparence physique est une obsession. On dit qu'avoir soixante ans aujourd'hui, c'est comme en avoir quarante autrefois. Je dis que ce calcul est faux. Même si je fais de l'exercice et que j'essaie de bien m'alimenter, mon corps – y compris mes yeux – a plus de soixante ans. Récemment, j'ai passé un examen de la vue, ce que je n'avais pas fait depuis très longtemps. Je n'ai donc pas été surpris d'apprendre que j'avais besoin de lunettes de lecture. En revanche, j'ai été surpris lorsqu'on m'a demandé de choisir une monture. J'ai levé les yeux et, à ma grande surprise, j'ai vu des centaines de montures, parmi lesquelles je devais choisir. Je n'aime pas faire ce genre de choix. J'aurais souhaité qu'il n'y ait que deux montures au mur : une noire et une blanche. Voilà pourquoi j'aime tant la Bible. Dieu a présenté les choses très simplement. Vous avez Dieu et Satan. Vous avez la justice et l'injustice, ou le bien et le mal. Vous avez le chemin étroit qui mène à la vie et le chemin large qui mène à la mort. Vous avez le ciel et l'enfer. Vous avez le choix simple entre les montures blanches et les montures noires.

Je vous implore de réfléchir à votre destinée finale et à la possibilité d'être sauvé, ou de ne pas l'être. Il y a trois mille ans, la Bible nous a appris que la durée de notre vie était de soixante-dix ou peut-être quatre-vingts ans (Psaume 90:10), et qu'après cela vient le jugement (Hébreux 9:27). À l'échelle de l'éternité, soixante-dix à quatre-vingts ans ne sont qu'un bref instant. La Bible dit qu'un jour est comme mille ans pour le Seigneur, et mille ans comme un jour (2 Pierre 3:8). De sorte que, si nous faisons un calcul simple, notre vie équivaut à une heure et demie à l'échelle de l'éternité.

Voici la situation : si vous ne vous êtes jamais repenti de vos péchés et n'avez jamais accepté Jésus pour le pardon de vos péchés, alors je prie pour que ce jour soit celui de votre salut.

Jésus a dit : « Je suis la lumière du monde. Celui qui me suit ne marchera pas dans les ténèbres, mais il aura au contraire la lumière de la vie. » (Jean 8:12).

Il existe un monde qui est très sombre parce que Jésus ne s'y trouve pas. Il existe aussi un monde qui est plein d'amour, de paix et de joie parce que Jésus en est la lumière. Jésus est mort pour les pécheurs comme vous et moi. Demandez-lui d'avoir pitié de vous et de vous purifier. Jésus a porté les péchés des autres dans sa mort pour que vous n'ayez pas à les porter dans la vôtre.

Et vous aujourd'hui ? Est-ce que vous suivez Jésus ? Est-ce que vous croyez qu'il est le Messie, le Sauveur du monde ?

Imaginez deux hommes qui meurent d'une crise cardiaque : l'un meurt dans ses péchés, et l'autre dans le Seigneur. Lequel seriez-vous ? Deux femmes meurent dans des accidents de voiture : l'une meurt dans ses péchés, l'autre dans le Seigneur. Laquelle seriez-vous ? Si vous deviez mourir ce soir, est-ce que vous mourriez dans vos péchés ou dans le Seigneur ?

LE VOLEUR SUR LA CROIX

Deux hommes, tous deux des malfaiteurs, ont été emmenés pour être exécutés avec Jésus. Lorsqu'ils sont arrivés au lieu appelé le Crâne, Jésus a été cloué sur la croix. Les deux criminels ont eux aussi été crucifiés, l'un à sa droite et l'autre à sa gauche. Jésus a dit : « Père, pardonne-leur, car ils ne savent pas ce qu'ils font. » (Luc 23:34). Les soldats ont joué ses vêtements aux dés.

La foule observait, et les chefs se moquaient de lui. « Il en a sauvé d'autres, disaient-ils ; qu'il se sauve lui-même, s'il est le Messie choisi par Dieu ! » (Luc 23:35). Les soldats aussi se moquaient de lui en lui offrant à boire du vinaigre. Ils lui criaient : « Si tu es le roi des Juifs, sauve-toi toi-même ! » (Luc 23:37). Une inscription était fixée au-dessus de lui : « Celui-ci est le roi des Juifs. » (Luc 23:38).

L'un des malfaiteurs crucifiés à côté de lui s'est moqué : « Si tu es le Messie, sauve-toi toi-même, et nous avec toi ! » (Luc 23:39). Mais l'autre rétorqua : « N'as-tu aucune crainte de Dieu, toi qui subis la même condamnation ? Pour nous, ce n'est que justice, puisque nous recevons ce qu'ont mérité nos actes, mais celui-ci n'a rien fait de mal. » Puis il ajouta : « [Seigneur], souviens-toi de moi quand tu viendras régner. » (Luc 23:40-42).

Jésus a répondu : « Je te le dis en vérité, aujourd'hui tu seras avec moi dans le paradis. » (Luc 23:43).

La croix est un lieu où l'amour et la justice se sont rencontrés – où l'humanité entière a été pesée et jugée médiocre. Jésus, suspendu là, les bras tendus, souffrait pour le retour d'un monde prodigue. Deux voleurs, suspendus de chaque côté de lui, hésitaient entre la vie et la mort, entre le ciel et l'enfer, jusqu'à ce que l'un d'eux dise : « [Jésus,] souviens-toi de moi quand tu viendras régner. »

Le plus incroyable, c'est que ces paroles ont été les toutes dernières que Jésus ait entendues avant de mourir. Ce n'étaient pas les paroles d'un chef religieux ni d'un disciple de Jésus, mais celles d'un vulgaire malfaiteur. Ces paroles reviennent à dire : « Ne m'oublie pas », et implicitement, elles signifient : « S'il te plaît, emmène-moi là où tu vas. » Quand Jésus a dit « Je te le dis en vérité, aujourd'hui tu seras avec moi dans le paradis », ce vulgaire malfaiteur a été enlevé de sa croix et accueilli dans les bras aimants du Sauveur.

On ne sait pas grand-chose du voleur. On sait,

d'après le récit de Matthieu, qu'il se moquait de Jésus avec la foule.

« Les chefs des prêtres, avec les spécialistes de la loi et les anciens, se moquaient aussi de lui et disaient : "Il en a sauvé d'autres et il ne peut pas se sauver lui-même ! S'il est roi d'Israël, qu'il descende maintenant de la croix et nous croirons en lui. Il s'est confié en Dieu ; que Dieu le délivre maintenant, s'il l'aime ! En effet, il a dit : Je suis le Fils de Dieu." Les brigands crucifiés avec lui l'insultaient eux aussi de la même manière. » (Matthieu 27:41-44)

Voici la question à soixante-quatre mille dollars : qu'est-ce qui a poussé ce voleur-là à prendre la défense de Jésus et à avoir l'humilité de se soumettre à lui ? Il a vu quelque chose qu'il n'avait jamais vu et dont il n'avait même jamais entendu parler auparavant. Quand ils ont lancé leurs insultes à Jésus, celui-ci n'a pas riposté. Alors qu'il souffrait, Jésus n'a proféré aucune menace. Au lieu de cela, il s'est confié à Dieu, qui juge avec justice. Au milieu des douleurs les plus atroces que l'homme puisse connaître, et pendant qu'il souffrait pour les crimes des autres, il a invoqué le tribunal suprême du ciel et a dit : « Père, pardonne-leur, car ils ne savent pas ce qu'ils font. » (Luc 23:34)

Le voleur a été stupéfait. Il a tourné la tête vers Jésus, et j'imagine qu'ils se sont regardés dans les yeux. Il a eu l'impression que Jésus pouvait voir au plus profond de son âme. Il a eu l'impression que Jésus le connaissait mieux qu'il ne se connaissait lui-même, et que tout lui était dévoilé. À cet instant, le temps s'est arrêté. Dans les yeux de Jésus, le voleur n'a vu ni haine, ni mépris, ni jugement. Il n'a vu qu'une seule chose : le pardon. À cet instant, le voleur a compris que Jésus n'était pas un homme ordinaire.

Le voleur ne connaissait pas grand-chose à la théologie. Cependant, il savait que Jésus était roi, que son royaume n'était pas de ce monde et que ce roi avait le pouvoir d'accueillir dans son royaume même les plus indignes. Dans un moment de communion intime avec le Sauveur, une vie entière de dette morale a été effacée.

C'est incroyable quand on y pense. Au milieu des moqueries humiliantes de la foule et les souffrances atroces de la crucifixion, Jésus s'appliquait encore à sa mission de chercher et de sauver les perdus (Luc 19,10). La bonne nouvelle, c'est que Jésus s'attache encore à sa mission aujourd'hui. Comme le voleur, nous avons tous beaucoup volé. Lorsque nous avons élevé la voix sous le coup de la colère, nous avons volé la paix d'autrui. Lorsque nous avons eu des pensées immorales, nous avons volé la dignité d'autrui. Lorsque nous avons blessé les sentiments de quelqu'un, nous avons volé son estime de soi. Lorsque nous avons dit la vérité sans amour, il est possible que nous ayons volé le royaume des cieux en éloignant une âme des frontières du paradis.

Nous nous tenons tous devant le Seigneur avec nos vols exposés à ses yeux. Nous sommes tous coupables.

Si vous ne l'avez pas encore fait, confessez tout à la seule personne capable de tout prendre en charge. Pourquoi mourir dans vos péchés ? Laissez-le effacer votre ardoise spirituelle et soyez remplis de la puissance d'en haut – une puissance qui peut non seulement changer votre cœur, mais qui peut aussi changer le monde. Demandez au Seigneur Jésus de se souvenir de vous, et vous aussi, vous serez avec lui au paradis.

VOUS N'ÊTES PAS OBLIGÉ DE MOURIR DANS VOS PÉCHÉS.

Dieu est parfaitement bon, parfaitement aimant, parfaitement beau et parfaitement vrai – et ces qualités jaillissent constamment de lui. L'amour, la grâce, la bonté et la beauté du Seigneur étaient si parfaits qu'ils ont jailli de lui dans la création d'un monde bon et beau. Dieu a donné naissance à ce monde magnifique et, pour couronner son œuvre, il a créé les êtres humains à son image pour qu'ils puissent partager son amour, sa grâce et sa bonté.

Lorsque Dieu a créé les êtres humains, il leur a également donné le libre arbitre, parce que l'amour permet à la personne qui en est l'objet de faire des choix. Seuls les robots, les ordinateurs et les machines sont privés de la faculté de choisir. Dieu nous a donné le choix soit de vivre dans son amour en l'acceptant, soit de le rejeter. En donnant le libre arbitre aux êtres humains, il conférait une dignité à leurs choix et soulignait en eux l'image de Dieu. Après avoir créé les premiers humains, Adam et Ève, Dieu leur a dit que tout était à leur disposition, mais il y avait une chose, une seule, qu'ils ne devaient pas faire : manger du fruit d'un seul arbre précis du jardin. Malheureusement, lorsqu'ils ont été tentés, ils ont cédé à la tentation et ont franchi la limite. Non seulement il en est résulté un sentiment de séparation, de remords, de honte et, pire encore, de culpabilité, mais cela a aussi ouvert la porte à davantage de péchés, et précipité notre monde dans une spirale infernale qui se poursuit encore aujourd'hui.

Mais ce n'est pas la fin de l'histoire. Non seulement Dieu est bon et aimant, mais il est également omniscient et tout-puissant. Il n'a pas agi en réaction, mais il avait tout prévu dans un plan qu'il avait préparé avant de poser les fondations du monde. Dieu ne voulait pas que les hommes vivent dans la détresse, les ténèbres et la séparation d'avec lui. C'est pourquoi il a conçu un plan pour réparer le monde abîmé, afin que chacun puisse être pardonné, guéri, restauré et sans défaut. Jésus le Messie, pleinement Dieu, s'est fait pleinement homme et a montré l'amour de Dieu par son sacrifice sur la croix. Il a volontairement offert sa propre vie en sacrifice afin de payer pour nos péchés. Après trois jours, Jésus s'est relevé d'entre les morts, ce qui a non seulement démontré la puissance absolue de Dieu sur le péché et la mort, mais nous a également appris que si nous croyons, nous ressusciterons nous aussi lorsque le royaume de Dieu viendra.

Les êtres humains continuent de mourir physiquement, mais parce que Jésus a vaincu le péché et la mort, ses disciples connaîtront la vie éternelle auprès de lui, bien après leur mort physique. Même si leur corps meurt, ils ressusciteront pour la vie éternelle avec Jésus.

J'ai souvent vu, un peu partout, des affiches portant l'inscription « Jean 3:6 ». J'en ai vu dans les stades olympiques, les arènes sportives, sur les panneaux publicitaires, etc. En tant qu'enfant élevé dans la tradition juive orthodoxe, je n'avais aucune idée de ce que cela voulait dire ni à quoi cela faisait référence. Aujourd'hui, en tant que croyant, je dirais que c'est sans doute la phrase la plus célèbre de toute la littérature. Elle dit : « En effet, Dieu a tant aimé le monde qu'il a donné son Fils unique, afin que quiconque croit en lui ne périsse pas mais ait la vie éternelle. »

Quand on prend vraiment le temps d'y réfléchir, c'est absolument stupéfiant, car c'est la bonté de Dieu qui « nous pousse à changer d'attitude » (Romains 2:4). Le verset qui suit Jean 3:16 est moins connu, mais tout aussi important. Jean 3:17 dit : « Dieu, en effet, n'a pas envoyé son Fils dans le monde pour juger le monde, mais pour que le monde soit sauvé par lui. »

Dieu n'est pas un maître dur et cruel, impatient de déverser sa colère sur l'humanité. Au contraire, son cœur est rempli de tendresse, il a fait le maximum et payé le prix le plus élevé pour la sauver. Il aurait pu envoyer son Fils dans le monde pour le condamner, mais il ne l'a pas fait. Au contraire, il l'a envoyé souffrir, verser son sang et mourir pour que le monde soit sauvé par lui. L'œuvre de Jésus sur la croix a une valeur tellement extraordinaire que tous les pécheurs du monde entier peuvent être sauvés s'ils l'accueillent.

J'ai été sauveteur pendant plusieurs années. Je ne connais personne qui, s'il était en train de se noyer, ne tendrait pas la main à un sauveteur pour être sauvé. Pour cela, le plus important est d'abord de se rendre compte que l'on est en train de se noyer. La plupart des gens pensent qu'ils se débrouillent suffisamment bien, de sorte qu'ils ne voient pas qu'ils sont en train de couler. Ils sont tellement imbus d'eux-mêmes qu'ils ne veulent pas admettre qu'ils coulent pour la troisième fois, alors ils refusent de crier : « Au secours ! » N'attendez pas d'être sur votre lit de mort pour chercher un sauveteur. Aujourd'hui, je vous supplie d'accueillir Jésus dans votre vie. C'est le seul sauveteur dont vous ayez vraiment besoin. Confessez vos péchés, croyez dans votre cœur que Jésus est mort pour vous et déclarez de votre bouche que Jésus est Seigneur et Sauveur. Non seulement vous aurez la vie éternelle dans le monde à venir, mais vous aurez une vie abondante dès à présent. Ne mourez pas dans le péché !

« Let's Make a Deal » est un jeu télévisé qui a été diffusé pour la première fois aux États-Unis en 1963 et qui a depuis été adapté dans de nombreux pays à travers le monde (« Le Bigdil » en France). Quand j'étais petit, les programmes de télévision n'étaient diffusés que sur trois chaînes. Les jeux télévisés étaient très amusants et j'avais tendance à soutenir le candidat en difficulté, comme j'en ai encore l'habitude.

Dans « Let's Make a Deal » l'animateur joue avec des membres du public sélectionnés. Généralement, un joueur reçoit un objet de valeur et doit ensuite décider s'il choisit de le garder ou de l'échanger contre un objet mystère. Tout l'intérêt du jeu réside dans ce mystère : le joueur ignore si l'objet caché a une valeur égale ou supérieure à celle de l'objet initial, ou s'il s'agit d'un lot ridicule, de valeur faible ou nulle.

À la fin de l'émission, l'animateur choisit trois personnes prêtes à renoncer à leurs lots pour essayer de l'échanger contre le « gros lot du jour ». Chaque candidat qui accepte choisit l'une des trois portes proposées. L'animateur demande au premier candidat : « Voulez-vous la porte numéro un, la porte numéro deux ou la porte numéro trois ? » Le candidat suivant choisit entre les deux portes restantes, et le dernier candidat se voit attribuer la seule porte qui reste. Malheureusement pour l'un des participants, derrière l'une des portes se cache toujours un lot ridicule.

Avec Dieu, cependant, nous savons ce qui se cache derrière les portes, et le choix est beaucoup plus facile parce que le choix se limite à deux portes. Si vous choisissez la première, vous recevez Jésus comme celui qui s'est sacrifié pour le pardon de vos péchés, et vous gagnez le gros lot, non seulement pour ce jour, mais pour l'éternité. Si vous choisissez la seconde, vous ne recevez ni Jésus ni son sacrifice pour le pardon de vos péchés, mais vous mourez dans vos péchés pour l'éternité – votre ultime lot ridicule.

Je sais que cela paraît trop simple, mais quand vous regardez vraiment en face vos fautes et votre égoïsme, et quand vous prenez conscience de la douleur et de la souffrance que vous avez infligées aux autres, vous éprouvez un sentiment de culpabilité, ce qui est une bonne chose – parce que cela conduit au repentir et au changement. Vous vous présentez devant Dieu et vous prenez au mot sa promesse de vous purifier et de vous donner un cœur nouveau. Le miracle se produit lorsque vous choisissez de le suivre. Il vous transformera de l'intérieur. Il vous rendra fort et vous guidera pour que vous cessiez d'être un lot ridicule et deveniez son gros lot – non pour votre propre gloire, mais pour qu'il vous emploie à transformer le climat spirituel de l'univers entier.

Ne me demandez pas comment Il fait. Il y a des choses qui défient toute explication, des mystères trop profonds pour être pénétrés, et d'étranges circonstances qui déroutent les esprits les plus brillants. Tout ce que je sais, c'est que j'étais le roi de l'égoïsme, préoccupé de moi-même, et que maintenant je vis pour les autres et je les fais même passer avant moi. Un grand changement s'est opéré en moi, et j'en suis ravi ! Choisissez la porte numéro un – et ne mourez pas dans vos péchés !

À PROPOS DE L'AUTEUR

L e rabbin Greg Hershberg est né à New York et a
été élevé dans la tradition juive orthodoxe. Diplômé
de l'université Pace avec mention très bien, il a ensuite
ouvert et dirigé à New York un cabinet de recrutement
de cadres supérieurs, spécialisé dans les secteurs ban-
caire et financier. En 1989, il a épousé Bernadette et, lors
de son voyage de noces en Israël, il a eu une révélation
divine qui l'a poussé à se mettre au service de Dieu.

En 1992, le rabbin Greg s'est engagé dans le

mouvement juif messianique et a été ordonné par l'Association internationale des congrégations et synagogues messianiques (IAMCS). Il est devenu le responsable de la congrégation messianique Beth Judah. En 2002, le Seigneur a conduit le rabbin Greg et sa famille à Macon, en Géorgie, pour diriger la congrégation Beth Yeshua.

Son ministère a pris une dimension internationale en 2010 et la Congrégation Beth Yeshua est devenue Beth Yeshua International (BYI). Ce qui était à l'origine une petite congrégation locale est devenu un centre international pour le ministère et la formation à Macon, en Géorgie, avec des congrégations et des écoles en Inde, au Kenya, en Éthiopie, en Australie, en Allemagne, en Israël et à travers les États-Unis. De plus, les messages du rabbin Greg sont diffusés en direct dans le monde entier.

Le rabbin Greg réside actuellement à Macon, en Géorgie, avec son épouse Bernadette et leurs quatre enfants. Pour en savoir plus sur le rabbin Greg, consultez son autobiographie, *From The Projects To The Palace* (« Des quartiers défavorisés au palais ».

www.bethyeshuainternational.org